Lk 694.

MÉMOIRE

SUR

LA CONSÉCRATION MIRACULEUSE

DE LA BASILIQUE MÉTROPOLITAINE

DE

NOTRE-DAME DES DOMS

A AVIGNON.

CINQUIÈME ÉDITION

REVUE, CORRIGÉE ET NOTABLEMENT AUGMENTÉE.

> La possession seule est un titre suffisant pour maintenir les anciennes traditions, lorsque les raisons qu'on leur oppose ne sont pas assez évidentes pour en démontrer la fausseté.
>
> (DE LIGNY. *Actes des Apôtres*, ch. XX, à l'occasion de St Trophime, 1ᵉʳ évêque d'Arles.)

MARSEILLE,

TYPOGRAPHIE VEUVE MARIUS OLIVE,

Rue Paradis, 68.

—

1862.

PRÉFACE.

Le *Mémoire* qu'on va lire a été publié plusieurs fois déjà. L'accueil bienveillant dont il a été l'objet et les éloges précieux qu'il m'a valus me déterminent à le livrer encore à l'impression.

Je me mets peu en peine du sort de cette nouvelle édition : le passé me répond de l'avenir. Puis, l'intérêt qui s'attachait dans le principe à cette publication, ne peut manquer de s'accroître devant les documents inédits que je cite aujourd'hui et les notes nombreuses dont j'ai enrichi mon texte. Il suffit d'ailleurs de parler de la Basilique métropolitaine de Notre-Dame des Doms, le plus ancien sanctuaire (1) de la Provence, la cathédrale de l'univers catholique au XIVe siècle, pour provoquer l'attention et piquer la curiosité.

Je sais que quelques personnes ont reproché à ma

(1) Le sanctuaire de N.-D. des Doms est un des plus anciens lieux de pèlerinage de la chrétienté. Celui de N.-D. del Pilar, à Sarragosse et de N.-D. de Grâce, aux Alyscamps d'Arles sont de la même époque; ceux du Puy, de Rocamadour et de Fourvières remontent au Ier siècle; celui de N.-D. de Chartres a précédé même la prédication de l'Evangile. Mais N.-D. de Boulogne-sur-Mer date du VIIe siècle; N.-D. de Verdelais, de 1105; N.-D. de la Garde, à Marseille, de 1214; N.-D. de Myans, en Savoie, de 1249; N.-D. de Liesse, du même temps ; N.-D. de Buch et N.-D. du-Château-de-Tarascon, du XVe siècle; N.-D. de Buglose, de 1569; N.-D. du Laus, de 1640; N.-D. de l'Osier, de 1649; N.-D. des Lumières, de 1661, etc.

dissertation de manquer de critique. Je me contenterai de dire à ceux, qui par critique entendent la discussion raisonnée des faits et de leurs preuves, que les autorités que j'invoque sont trop respectables et méritent par elles-même trop créance pour que je puisse convenablement les soumettre à un *criterium* quelconque. Ceux, au contraire, pour qui la critique ne consiste que dans la négation pure et simple du surnaturel et du merveilleux, et il y en a beaucoup malheureusement de ce nombre, ceux-là n'ont qu'à relire ce que j'écrivais dans la préface de mon *Histoire de saint Bénézet* : « C'est si tôt fait, disais-je, de
« reléguer parmi les pieuses fictions, parmi les exa-
« gérations saintes du moyen-âge, les faits qui sor-
« tent de la voie ordinaire. Parce qu'il contredit la
« commune expérience, un fait n'est pas impossible
« absolument. Dieu, en limitant la puissance de
« l'homme, n'a point lié la sienne et ne s'est point
« engagé à n'agir que par les moyens naturels. (1) »

A. C.

(1) *Histoire de saint Bénézet, berger, et des Frères de l'Œuvre du pont d'Avignon, composée sur des documents authentiques,* par Augustin CANRON. 1 volume in-12 de 188 pages. Carpentras, Devillario, 1854.

MÉMOIRE

SUR

LA CONSÉCRATION MIRACULEUSE

DE LA BASILIQUE MÉTROPOLITAINE

DE NOTRE-DAME-DES-DOMS,

A AVIGNON,

Adressé à **M. André-Edouard CRÉVOULIN**, prêtre de l'archidiocèse d'Avignon, chanoine honoraire de la même basilique, docteur en théologie, et vice-supérieur de l'église nationale de Saint-Louis-des-Français, à Rome.

Opera Dei revelare et confiteri honorificum est.
(Tob., xii. 17).

Vous voulez, Monsieur et cher ami, que je vous dise dans quels ouvrages sont relatées les lettres pontificales qu'au mois de janvier 1855, je vous citais à l'appui de la dédicace miraculeuse de Notre-Dame-des-Doms. J'obéis, un peu tard, il est vrai, à votre aimable invitation, en vous envoyant, sous la forme d'un Mémoire (1), quelques notes extraites, à peu près mot pour mot, de l'ouvrage que je prépare sur notre basilique métropolitaine (2). Ces notes sont comme le recueil de tous les témoignages qu'il m'a été possible de trouver en faveur de ce prodige si précieux pour notre ville et pour le sanctuaire qui la domine (3). Mais, avant d'entrer en matière,

---

(1) Avant de livrer ce mémoire à l'impression, j'ai eu soin de le mettre sous les yeux de personnages recommandables par leur savoir et leur prudence, parmi lesquels je me plais à compter un membre de la plus haute prélature romaine, un ancien professeur de théologie au Collége Germanique et trois hommes des plus éminents dans la science de l'archéologie.

(2) J'écris en ce moment l'histoire de cet antique sanctuaire si cher à la population avignonaise et si riche de souvenirs et de traditions religieuses. Il n'a été publié jusqu'ici sur cette église que des monographies fort incomplètes, des aperçus tout-à-fait succincts ; le travail que je me propose de faire bientôt paraître aura donc, à défaut d'autre mérite, celui de la nouveauté.

(3) Le sanctuaire de N.-D.-des-Doms s'élève à 41 mètres au-dessus du niveau de la mer, presque au sommet du rocher sur les flancs duquel est bâtie la ville d'Avignon.

permettez-moi de vous rappeler certains faits qui ne sont point étrangers à la question qui nous occupe.

La basilique de Notre-Dame-des-Doms n'est pas la seule à revendiquer l'honneur d'une dédicace miraculeuse. Saint Thomas d'Aquin, dans sa *Somme théologique*, dit que certaines églises passent pour avoir été consacrées par le ministère des Anges (1); et Notre-Dame-du-Puy-en-Velay célèbre, le 11 juillet de chaque année, l'anniversaire de sa consécration *Angelorum manibus* (2). La cathédrale de Londres fut consacrée par le Prince des Apôtres: plusieurs auteurs dignes de foi, le vénérable Bède (3), Surius l'hagiographe (4) et le cardinal Baronius (5) entre autres, rapportent les circonstances de ce merveilleux événement, dont fut saisi (6) le Concile Romain de 610. La tradition nous apprend que Notre-Seigneur Jésus-Christ accomplit en personne les cérémonies de la dédicace de Notre-Dame-*del-Pilar* à Saragosse, de Notre-Dame-de-Figeac en Quercy, de Notre-Dame-d'Aubrac en Rouergue, de Notre-Dame-du-Lacq à Bruxelles (7), de Notre-Dame-des-Ermites à Einsiedeln en Suisse (8), et de la chapelle de Saint Pierre-Célestin sur le mont Magella en Italie (9). On peut lire dans Robert Gaguin (10) comment encore Notre-Seigneur, assisté de ses Apôtres, daigna consacrer visiblement lui-même la basilique abbatiale de Saint-Denis près Paris; et le R. P. Theiner de l'Oratoire, préfet des archives secrètes du Vatican, me dit, il y a dix ans, que les habitants de la Silésie attribuaient aussi une dédicace miraculeuse à une église de leur pays bâtie en l'honneur de la Mère de Dieu. Outre ces sanctuaires, on cite des cimetières miraculeusement bénis, comme celui de Saint-Séverin à Bordeaux, celui des Alyscamps à Arles, etc. (11).

Ce fut Notre-Seigneur Jésus-Christ qui consacra lui-même de ses divines mains l'église de Notre-Dame-des-Doms. La tradition de Provence, que l'Église romaine (12) a consignée dans sa liturgie et que les oracles du Saint-Siége ont plus d'une fois solennellement confirmée (13), atteste, vous le

---

(1) *Quædam templa dicuntur Angelico ministerio consecrata.* (SUMM. THEOLOG. III part. quæst. 64, art. 7. Ad conclusion.)
(2) Odon de GISSEY. *Hist. de N.-D. du-Puy.* — BREV. ANICIEN.
(3) BEDA. *Hist. Angl.* lib. 2, cap. 3.
(4) SURIUS. *In vita S. Eduardi Regis*, 5 Januar.
(5) BARONIUS. *Annal Eccl* ann. 610. tom. VIII.
(6) LABBE S. J. *Sacrosanct. Concil.* tom. V.
(7) Th. REYNAUD S. J. *Oper. Omn.* tom. XVII. *Pratum Spirituale.*
(8) Christoph. HARTMANN. *Annales.*
(9) BOLLAND. *Acta SS.* tom. IV Maii.
(10) GAGUIN. *In Dagoberto I.*
(11) *Officia propria Sanctorum S. Arelatensis Ecclesiæ.* 1612.
(12) BREVIAR. ROMAN. *Die 29 Julii, in Festo S. Marthæ Virginis.*
(13) Les Papes S. Zozime, Jean VIII, Benoît IX, Pascal II, Alexandre III, Clément IV, Boniface VIII, Benoît XI, Jean XXII, Benoît XII, Clément VI, Innocent VI, Urbain V, Grégoire XI, Martin V, Nicolas V,

savez, que la foi chrétienne fut apportée à Avignon, l'an 48 de notre ère, par sainte Marthe de Béthanie. Cette glorieuse hôtesse du divin Maître, ayant abordé aux embouchures du Rhône avec sa sœur Marie-Madeleine et quelques-uns des premiers disciples du Sauveur, chassés comme elle de la Palestine par la fureur des Juifs, se dirigea sur notre ville que, par une inspiration divine, elle choisit pour sa demeure et pour le lieu de son repos (1). Elle ne se contenta pas seulement d'annoncer la bonne nouvelle de l'Evangile aux habitants de la cité (2); elle bâtit aussi au milieu d'eux une église en l'honneur de la bienheureuse Vierge Marie, qui était encore alors vivante sur la terre (3). Agrandie par l'empereur Constantin (4), qui avait uni à son étroite enceinte deux vieux

---

Pie II, Sixte IV, Innocent VIII, Jules II, Léon X, Adrien VI, Clément VII, Grégoire XIII, Paul V, Grégoire XV, Urbain VIII et Pie VII ont donné des bulles en faveur de la tradition de Provence. Dernièrement encore, Pie IX, en approuvant les nouveaux Propres (*Officia Propria*) des diocèses d'Avignon, d'Aix, de Marseille et de Fréjus, a maintenu tout entier, dans les leçons du second nocturne de certaines fêtes, le récit de l'arrivée sur nos côtes provençales des pieux habitants du château de Béthanie et des bienheureux compagnons de leur exil. Au reste, cette importante question a été traitée *ex professo*, pour ainsi dire, et d'une manière tout-à-fait péremptoire, par M. l'abbé Faillon (de Tarascon), prêtre de Saint-Sulpice, dans ses deux magnifiques in-4° sortis, vers 1848, des ateliers Migne à Montrouge, sous ce titre : ***Monuments inédits sur l'apostolat de Ste Marie-Madeleine en Provence***, etc.

(1) *Cum S. Martha una cum Maria sorore... Massiliam appulisset, divino ductu præcipuam sibi sedem atque ultimum hospitium beata Salvatoris Hospita in hanc urbem delegit.* (VIEIL OFFICE DE S. AGRICOL. *lectio IV*.)

(2) D'après la tradition, sainte Marthe évangélisa encore les environs d'Avignon; et les villes de Tarascon, Beaucaire (*Ugernum*), Maillane, Saint-Gabriel (*Ernaginum*), Saint-Remy (*Glanum*), Pernes (*Paternæ*) reçurent d'elle la foi de J.-C.

(3) Une antique inscription, placée aujourd'hui à l'entrée de l'église de N.-D.-des-Doms, atteste ce fait. Une hymne à strophes rimées et d'une date fort ancienne le mentionnait encore en ces termes :
Templum et hoc sanctum Divæ
Matri Dei ADHUC VIVÆ
Consecratur in honorem.

L'existence d'une pareille tradition ne put échapper à l'érudition du savant pape Benoît XIV; voici comment il s'exprime à son sujet dans son immortel ouvrage *De Canonizatione Sanctorum* (lib. I, cap. 12, n° 11 et lib. IV, part. 2, cap. 10, n° 20) : *Quidam.... afferunt exempla ecclesiarum ad honorem B. Mariæ Virginis adhuc viventis constructarum, in civitate videlicet Avenionensi a S. Martha... Dicemus narrationem dedicationis hujus et aliorum templorum in honorem Virginis adhuc viventis non esse ab Ecclesia definitam, sed permissam tanquam possibilitatis fundamentis innixam et pietati consonantem.*

(4) *Avenio Christiana* de Suarez. Ms. de la bibliothèque Impériale.— NOUGUIER. *Hist. chronol. de l'Eglise d'Avignon.* (Avignon, 1660.)— S. GREGOR. TURON. *De Gloria Martyrum*, cap. 8. — Que l'oratoire de Sainte Marthe d'Avignon ait été en particulier l'objet de la pieuse sollicitude de l'empereur Constantin, il n'y a rien là qui doive nous étonner et nous surprendre, si nous songeons que c'est aux portes mêmes de notre ville, dans cette plaine qui s'étend de nos murs à la mer, en passant sur les marais d'Arles et les cailloux de la Crau, qu'il

temples païens (1), cette église fut saccagée, en 731, par les Sarrazins (2). Quelques années plus tard, vers la fin du VIII° siècle, de 785 à 800, Charlemagne (3) la releva de ses ruines, déployant dans cette nouvelle construction toutes les richesses de l'architecture romano-lombarde (4); et *Dieu*, dit le chanoine Nouguier (5), *pour recognoistre la piété de ce saint empereur, la consacra de ses propres mains.*

Or, voici comment la tradition raconte ce merveilleux évé-

---

eut cette vision célèbre de la croix lumineuse, cause de sa conversion au christianisme : on croit que ce fut aux Alyscamps d'Arles.

(1) Comme la ville d'Avignon était bâtie tout entière, soit au sommet du rocher, soit sur ses flancs, on peut admettre sans peine, avec notre tradition locale, que l'habitation de sainte Marthe, creusée dans le roc vif et dominée par l'oratoire qu'elle avait fait construire, était dans le voisinage et bien près de ce temple d'*Hercule Avignonais* dont on voyait encore, au milieu du XIV° siècle, sous le pontificat d'Urbain V, la statue et l'autel votif. A côté de ce temple s'en élevait un autre dédié à Diane, évidemment la protectrice des forêts et des bois qui environnaient alors la ville. Il est difficile de croire que ces deux édifices païens aient pu demeurer debout, après la conversion de Constantin, dans un pays entièrement chrétien; il est plus que probable, au contraire, qu'ils furent démolis et que leurs pierres servirent à l'agrandissement de l'oratoire de Sainte-Marthe. Le fronton du porche actuel de N.-D.-des-Doms a d'ailleurs, par son architecture, trop de points de contact avec les monuments qui restent de la domination romaine dans nos contrées pour qu'il en ait été autrement.

(2) SUAREZ. *Avenio Christiana* précité. — DU CHESNE. *Hist. Francor. Scriptores*. — FREDEG. SCHOLASTIC. *Chronicum continuat.*

(3) SUAREZ. *Avenio Christiana* précité. —VALLADIER. *Labyrinthe royal*. Ce n'est pas à dire pour cela que Charlemagne soit venu en personne à Avignon; mais il n'y a pas de difficulté à croire que ce prince, *si grand bâtisseur d'églises et de moûtiers*, comme on l'appelle, se soit occupé de la reconstruction de N.-D.-des-Doms. En 1504, le roi Louis XII accordait des privilèges à cette même église, en considération, disait-il, de ce qu'*elle est moult ancienne et de fondation royalle fondée par le roy Charlemagne*.

(4) En entrant dans l'église de N.-D.-des-Doms, on est surpris de son architecture. ou plutôt l'on est étonné d'y voir réunis tous les genres d'architecture, depuis la frise corinthienne des plus beaux jours de l'empire des Césars jusqu'au placage gréco-romain du temps de Louis XV. Cependant, si on examine attentivement sa nef, on verra que, malgré le tribut architectural qu'ait cru devoir lui apporter chaque siècle, quoique de tous côtés *unus et alter assuitur pannus*, l'architecture romane y domine avec toute la sévérité de ses lignes et la solidité de ses constructions.

(5) NOUGUIER. *Histoire chronologique de l'Eglise d'Avignon*. 1660. Nouguier (François), ancien chanoine de N.-D.-des-Doms, né à Avignon, en 1619, fut le précepteur du savant Henri de Suarez, qu'il accompagna à Rome. Son *Histoire chronologique de l'Eglise, Evesques et Archevesques d'Avignon*, écrite sous l'inspiration et la dictée de son docte élève, n'est, à proprement parler, que la traduction française d'une partie de l'*Avenio Christiana* de ce dernier. Il a soin, au reste, de dire à la deuxième page de son livre : « La plupart des titres et pièces justificatives, manuscrits originaux (*des Evêques de l'Eglise d'Avignon*) se trouvent dans le cabinet de M. Henry de Suarez fils, gentilhomme d'Avignon, savant et très-curieux, qui d'un travail sans égal a recueilli tout ce qui concerne la véritable histoire, etc. »

nement : je vais laisser parler le docte Valladier (1). Homme d'une érudition peu commune, critique habile et judicieux écrivain, l'abbé Valladier résida longues années à Avignon et fit une étude spéciale et approfondie des antiquités de notre pays. Le récit que je lui emprunte est tiré de ses *Orationes latinæ circa antiquitates Avenionenses* (2). Au chapitre VIII° intitulé : *De miraculis Avenione patratis*, il s'exprime ainsi :
« La cérémonie de la consécration de la nouvelle église de Notre-Dame-des-Doms (3) avait été ajournée ; on faisait

---

(1) André Valladier, d'abord jésuite au collége d'Avignon, puis chanoine-primicier de Metz et abbé de Saint-Arnoul en Lorraine, prédicateur et aumônier du roi Henri IV, naquit en 1570 à Saint-Paul près Montbrison en Forez. C'était un homme très-savant et surtout très-versé dans notre histoire avignonaise qu'il connaissait à fond et sur laquelle il a laissé des ouvrages fort estimés. Il mourut à Metz en 1638, avec la réputation d'un saint.

(2) Cet ouvrage, encore à l'état de manuscrit, se trouve à la bibliothèque Vaticane où Mgr J.-M. de Suarez le copia en 1634. L'exemplaire qu'on en voit à la bibliothèque de notre ville (*collection Moutte*) fut écrit, en 1700, par un nommé Moisset sur la copie du docte évêque de Vaison. Valladier composa ses *Orationes*, qui sont au nombre de neuf, lorsqu'il enseignait les belles-lettres au collége des jésuites de notre ville, et il les prononça devant ses élèves parmi lesquels on comptait l'illustre et érudit Peiresc.

(3) Ce serait ici le lieu de faire une dissertation sur la date de l'église actuelle de N.-D.-des-Doms. Toutes les fois que j'ai eu occasion de parler de cette question si importante pour nous, je me suis prononcé pour la tradition locale, et je n'ai pas manqué d'assigner à la fin du VIII° siècle la construction de la partie la plus ancienne de N.-D.-des-Doms, celle qui supporte le clocher et qui, voûtée en forme de dôme, surmonte le *narthex*. Je crois que tous ceux qui feront un examen sérieux et attentif de l'architecture de cette portion de notre basilique, seront de mon avis. L'acte du XI° siècle, et dans lequel les chanoines réguliers de N.-D.-des-Doms reprochent à ceux de l'église suburbaine de Saint-Ruf de ne plus envoyer, comme par le passé, leurs habiles tailleurs de pierre, leurs sculpteurs, leurs décorateurs pour travailler à la construction de l'église majeure (*lignorum artifices, vel lapidum sculptores, vel scriptoria arte valentes inter eos habebantur qui per totam quadragesimam, vel quolibet tempore quo opus erat, majoris ecclesie structure operam dabant*), cet acte, dis-je, l'un des plus anciens que l'on conserve aux Archives de la préfecture de Vaucluse, ne prouve qu'une seule chose à mon avis, c'est qu'au XI° siècle on travaillait à orner, à décorer les murs de N.-D.-des-Doms, absolument comme au XIV° siècle on travaillait à en agrandir l'enceinte par la construction de chapelles latérales, comme au XVII° on en prolongeait l'hémicycle absidial. D'ailleurs, puisque, au XI° siècle, on avait mis à la nef de N.-D.-des-Doms entre les mains des dessinateurs et des sculpteurs, il fallait sans nul doute que cette même nef eût été entièrement achevée : et l'on sait combien autrefois, et surtout à cette époque, on mettait de temps entre la pose de la première pierre d'un édifice et le couronnement de son faîte.

Quant au nom de *Dom* donné à notre basilique, il viendrait, suivant les uns, du titre que l'on donnait à ses chanoines (*Domnus*) ; suivant les autres, des *dons* et des faveurs célestes que la Sainte-Vierge y prodiguait à ses dévots serviteurs, et, suivant d'autres, du mot celtique *Dom* qui signifie *Rocher*, ou du latin *domus* (maison) ; car même un acte de 1216 (charte de Raymond-le-Jeune), relaté dans un manuscrit de la bibliothèque de notre ville, est daté *de gradibus Beatæ Mariæ de Domo*.

néanmoins dans ce sanctuaire les offices du jour et de la nuit, et un petit autel portatif servait, en attendant, à la célébration des saints mystères. Enfin, le jour fixé pour la dédicace allait arriver, lorsqu'il se passa un fait merveilleux, dont la postérité ne saurait douter et qui ne doit point rester dans l'oubli. Il y avait, en ce temps-là, à Avignon, une noble dame qui, dans sa dévotion pour la sainte Vierge, ne manquait pas de se rendre au sanctuaire des Doms, tous les matins avant l'aurore, dès que les cloches annonçaient le commencement de l'office.

« Elle entendit, un jour, l'airain sacré résonner plus tôt que de coutume. Quoique ce fût au milieu de la nuit, elle se leva et se rendit à l'église. Elle la trouva tout illuminée. Un pontife, assisté des ministres sacrés, accomplissait autour de la nef les cérémonies des dédicaces solennelles ; l'autel était préparé pour le saint sacrifice, et l'on chantait au chœur les prières liturgiques. Elle comprit que les *Matines* étaient terminées et que la sainte messe était sur le point de commencer. Elle vit, en effet, bientôt après, le pontife célébrer les divins mystères suivant les rites accoutumés. Au moment de l'Offertoire, elle remit au sacristain l'anneau d'or qu'elle portait au doigt (elle n'avait rien autre entre les mains), et elle lui dit qu'à l'aube du jour, elle viendrait le lui réclamer en échange de son offrande habituelle. Le sacristain lui indiqua l'endroit où elle trouverait son anneau, et l'avertit, en même temps, que cet anneau porterait l'empreinte de certains caractères qui étaient gravés derrière l'autel (1).

« Après la cérémonie, la pieuse dame revint chez elle : l'aurore ne brillait point encore. Quel ne fut pas son étonnement en entendant, quelques moments après, la cloche de l'église des Doms sonner les *Matines* une seconde fois ! Elle était sur le point de se demander si ce n'était pas en songe qu'elle avait assisté déjà à la sainte messe. Elle voulut cependant retourner à l'église pour savoir ce qui s'y passait. Elle n'y vit rien d'extraordinaire ; tout était disposé comme de coutume, et les prêtres chantaient en chœur l'office du matin. Son étonnement redoubla : elle prit alors le parti de demander pourquoi, ce jour-là, contrairement aux usages, on avait célébré deux fois l'office du matin, et avec tant de solennité surtout une première fois. Ceux à qui elle s'adressa furent aussi étonnés qu'elle, principalement lorsqu'elle leur fit le récit de tout ce qu'elle avait vu, et qu'on trouva à l'endroit

---

(1) Avant la Révolution française, on voyait à N.-D.-des-Doms derrière le maître-autel et scellée dans les dalles du sanctuaire, une inscription à caractères orientaux, arabes, selon toutes les apparences ; cette inscription, dont une assez mauvaise copie se trouve, dit-on, à Rome, dans les collections vaticanes, a disparu sous le marteau des septembriseurs, et ses débris sont peut-être enfouis parmi les décombres dont on a comblé la plupart des caveaux de l'église.

désigné son anneau portant l'empreinte des caractères que l'on voyait gravés sur le marbre, derrière l'autel, semblables à des caractères hébraïques. L'on comprit alors que l'église avait été miraculeusement consacrée (1). »

Voilà donc le fait, tel que la tradition le rapporte, et *tel*, dit Nouguier, *qu'on le voit aux petits demy-reliefs des chapitaux des colonnes de marbre qui soustiennent le cloistre de cette église, bastie par le mesme Charlemagne, qui en représentent l'histoire* (2).

En 1658, paraissait à Venise l'*Istoria della città d'Avignone*, de Sébastien Fantoni-Castrucci (3), général de l'ordre des Carmes (4), qui avait séjourné quelque temps à Avignon, à la suite du vice-légat Horace Mattei. Dans la seconde partie de cet ouvrage, on lit ces paroles, au sujet de l'église de Notre-Dame-des-Doms : Par *une faveur bien rare et un privilège insigne, Notre-Seigneur Jésus-Christ, le prêtre éternel, voulut la consacrer lui-même. Le roi Charlemagne fit sculpter la représentation de ce fait, comme on le voit aujourd'hui encore, sur les colonnes du cloître, pour perpétuer le souvenir d'un prodige qui mérite de ne jamais être oublié* (4).

Le cloître de Notre-Dame-des-Doms n'a été détruit qu'au commencement de ce siècle. Comme vous le savez bien, il y a encore parmi nous bon nombre de personnes qui se souviennent de sa belle architecture romane et des cinquante-deux arceaux de son pourtour. M. le chanoine Aubanel m'en a fait maintes fois la description ; ce vénérable ecclésiastique, la tradition vivante de notre pays, m'a toujours dit que sur le tailloir du chapiteau de chacune de ses colonnettes était sculptée une main droite, dont deux doigts étaient pliés, et les trois autres, pouce, index et médius, s'allongeaient comme ceux d'un évêque lorsqu'il donne sa bénédiction (5).

---

(1) Il serait trop long de donner ici le texte latin que je viens de citer ; j'aime mieux renvoyer ceux de mes lecteurs qui voudraient le connaître, à la *collection Moutte* de la bibliothèque d'Avignon, où se trouvent, au milieu des manuscrits de l'abbé de Massilian, les *Orationes* de Valladier.

(2) NOUGUIER. *Hist. chronol. de l'Eglise d'Avignon* (page 30).

(3) Le P. Fantoni était né à Palestrina dans les Etats Pontificaux ; il vint à Avignon en 1670, après avoir été, en Irlande, provincial de son ordre.

(4) *Volle egli stesso consagrarla con raro favore e privilegio il Signore Gesù Cristo*, Sacerdos in æternum... *Ne fece ben sì scolpire il successo il rè Carlo-Magno, come oggi si vede nelle colonne del chiostro, non per altro che per memoria...del singolarissimo privilegio degno di non esser in alcun tempo mandato in oblivione*, (FANTONI-CASTRUCCI. *Istoria della città d'Avignone*. Venise. Hertz, 1678. Tom. 2, liv. 3, ch. 1, art. 10.

(5) Sur la fin de 1857, j'eus occasion de publier, dans une de nos feuilles locales, quelques lignes sur cette consécration miraculeuse, et je n'eus garde d'omettre la main bénissante qu'on voyait jadis sur les chapiteaux du cloître. M. l'abbé Corblet, d'Amiens, voulut bien parler de mon article dans la *Revue de l'Art Chrétien*, qu'il rédige avec tant de succès. A ce sujet, il inséra dans les colonnes de cet excellent

Mais, au reste, j'ai pu constater moi-même et de mes yeux cette particularité. Mon excellent et docte ami, l'abbé Pougnet, prêtre-bénéficier de notre basilique métropolitaine et maître des cérémonies de Mgr l'archevêque, visitant un jour en archéologue et en artiste la *salle des sculptures du moyen-âge et de la renaissance* au musée Calvet, aperçut derrière la porte d'entrée un chapiteau, sur le tailloir duquel se trouvait, au milieu d'un nimbe, une main bénissante. Il l'examina attentivement et trouva, sculptées sur chacune de ses faces, plusieurs scènes dont les personnages étaient indignement mutilés. Il avait entendu parler, comme moi, de la main bénissante que l'on voyait sur tous les chapiteaux du cloître de Notre-Dame-des-Doms; aussi n'eut-il pas de peine à deviner l'origine de celui qui venait de s'offrir à ses regards. Il me fit part de sa découverte, et il voulut bien me la montrer lui-même. A l'aide du récit de Valladier, que je lui communiquai, nous pûmes aisément reconnaître, malgré leur triste état de dégradation, les scènes qui sont sculptées sur ce magnifique morceau de pierre. C'est d'abord un *ciborium* (1) surmonté des quatre animaux de l'Apocalypse ; sous une des arcades du *ciborium* s'élève un autel entièrement recouvert d'une nappe ornée de franges et de broderies; un calice est déposé sur cet autel ; en avant, un pontife, en habits sacerdotaux, paraît célébrer les saints mystères. Sur une autre face, à droite, se trouve, assis sur un trône à tête et à pieds d'animaux, un roi qui tient son sceptre à la main. Sur la face de gauche, une femme très-richement vêtue semble remettre un objet à une personne fléchissant le genou et s'appuyant sur une *potence*, avec un sac ou besace; cette personne a les jambes couvertes d'une espèce de cotte-de-mailles.

Depuis la construction du cloître jusqu'au pontificat de Jean XXII, nous ne saurions trouver aucun témoignage en faveur de notre tradition. Il en existait cependant, à ce qu'il paraît ; car Jean XXII, qui avait été évêque d'Avignon avant son élévation sur la chaire de saint Pierre, pour réparer en quelque façon la perte déplorable des précieux parchemins qui avaient été la proie des flammes dans un immense incendie, publia, en 1316, une bulle attestant cette miraculeuse dédicace : *Nous prenons à témoin*, dit-il, *le Dieu tout-puissant*

---

recueil une petite dissertation sur les *mains divines, peintes ou sculptées, dans les églises romanes.* « Faut-il ne voir, disait-il en terminant, dans les mains sculptées... qu'un emblème de la Providence, analogue à ceux qui figurent sur les sarcophages chrétiens des premiers siècles? Ou faut-il y voir un symbolisme particulier, une allusion artistique à une tradition quelconque, comme à N.-D.-des-Doms? C'est une question qu'il est plus facile de poser que de résoudre. » (*Revue de l'Art Chrétien*, 1re année, page 515).

(1) *Ciborium*, sorte de vase chez les Egyptiens. On a donné ce nom au dôme qui surmontait l'autel des premières basiliques. (BOURASSÉ, *Archéologie Chrétienne*.)

que l'église de Sainte-Marie des Dons, comme on le croit communément sans l'ombre même du doute, a été consacrée d'une manière merveilleuse (1).

Je n'ai pu retrouver cette bulle dans aucun des bullaires de la bibliothèque de notre ville, bullaires très-incomplets, il est vrai. Mais Nouguier, dans son *Histoire de nos évêques*, en parle et donne en latin les paroles mêmes que je viens de vous citer. Il est bon de remarquer que l'*Histoire* de Nouguier est la traduction fidèle de l'*Avenio Christiana* (2), de M. H. de Suarez (3), qu'elle fut dédiée au savant Mgr de Marini, seizième archevêque d'Avignon, et qu'elle parut avec la double approbation du vicaire général de l'archevêché et de celui du Saint-Office (4).

J'ai lu encore cette attestation pontificale de Jean XXII au

(1) *Attestamur Deum omnipotentem Ecclesiam Beatæ Mariæ de Donis, prout communiter et absque dubitatione tenetur, admirabiliter consecratam.*

(2) L'*Avenio Christiana* fait partie d'une série de volumes manuscrits de la bibliothèque impériale, classée sous le titre d'*Orbis Christianus*. Mgr J. M. de Suarez, évêque de Vaison et préfet de la bibliothèque Vaticane, homme d'une érudition peu commune, mit la main à cet important ouvrage qui fut continué par son docte neveu, Henri de Suarez, l'élève du chanoine Nouguier.

(3) Il ne sera pas hors de propos de raconter ici ce qui arriva au sujet de l'épître dédicatoire à Mgr de Marini que Nouguier avait mise en tête de son *Histoire*. L'archevêque d'Avignon était souverain temporel de huit villages : Bédarrides, Gigognan et Châteauneuf-Calcernier dans le Comtat, Nèves, Verquières et Barbantane en Provence, Saint-Laurent-des-Arbres et Saint-Geniès en Languedoc, et cela en vertu de donations impériales et royales qui dataient de Louis-l'Aveugle et de Frédéric Barberousse. La France avait fini, par ses empiètements et l'exercice du droit du plus fort, par rendre purement nominale la souveraineté temporelle de l'archevêque sur ses fiefs de Provence et de Languedoc; et toutes les fois que le prélat ou les siens semblaient faire allusion à cette souveraineté, il partait de la cour du roi très-chrétien une protestation dont l'énergie souvent ne se bornait pas aux paroles seules. Or, le bon chanoine, dans son zèle pour la maison de Dieu et son amour pour la justice, crut devoir dédier son livre à *Mgr Illustrissime et Reverendissime Dominique de Marinis, archevêsque d'Avignon, assistant de N. S. P. le Pape, prince du Saint-Empire, souverain de Bédarrides, Châteauneuf, Noves, etc*. A la nouvelle de cet attentat contre les droits souverains du roi de France sur le village de Noves, le Parlement de Provence s'émut et condamna l'*Histoire chronologique de l'Eglise et des Evesques et Archevesques d'Avignon*, à être brûlée à Aix, sur la place publique, par la main du bourreau. Le pauvre Nouguier, effrayé de cette condamnation, se hâta de déchirer son épître dédicatoire à l'archevêque et la remplaça par une dédicace à *la très-glorieuse Vierge Marie, Mère de Dieu, reyne du ciel et de la terre*. Les tribulations qui vinrent l'assaillir à cette occasion ne purent être compensées par le canonicat à Notre-Dame des Doms que lui conféra Mgr de Marini; il s'en démit peu après, et il finit ses jours dans la retraite, le 21 mars 1664, à l'âge de 45 ans seulement.

(4) Cette double approbation est signée par *Louis M. de Suares, prévost et vic. gén.* et par *Fr. Thomas Moustoulh, ordin. præd. vic. gén. S. Officii*. Ce Louis Marie de Suarez dont il est ici question était le frère du docte évêque de Vaison. Or, qui dit Suarez à Avignon, dit l'érudition la plus vaste, la science la plus consommée et la connaissance la plus parfaite de notre histoire locale.

bas d'une gravure représentant *Les saints tutélaires de la ville d'Avignon*, et composée d'une douzaine de médaillons à l'effigie de nos bienheureux protecteurs. Sous le médaillon inférieur, on voit Notre-Seigneur Jésus-Christ, revêtu des ornements pontificaux, faisant, au milieu des Anges qui le servent à l'autel, la dédicace de Notre-Dame des Doms. Cette gravure sortit, en 1646, avec le visa du Saint-Office, des presses de Bramereau, l'imprimeur de la ville (1).

De plus, la tradition nous apprend que Jean XXII, non content d'avoir publié cette bulle, laissa encore, en mourant, à Notre-Dame des Doms, son calice et sa chappe rehaussée de pierreries, à condition que l'on ne s'en servirait qu'au jour de la dédicace de cette église. Par respect pour la mémoire de ce pontife, les chanoines de Notre-Dame décidèrent que ces deux objets seraient simplement exposés ce jour-là à la vénération des fidèles; c'est ce que l'on peut voir dans le petit opuscule qui s'imprimait avant la Révolution sous ce titre : *Journal spirituel où sont annoncées les fêtes solennelles et particulières qui se célèbrent dans toutes les églises d'Avignon* :

« 8 octobre. — Aujourd'hui, à la métropole, la dédicace de l'église; matines à 5 heures, chantées dans la chappelle du Chappelet. — Exposition d'une chappe et d'un calice du Pape Jean XXII. — La grand'messe se célèbre sur un autel qu'on dresse vis-à-vis le grand (2). »

Il ne faut pas s'étonner si, après les témoignages du Pape Jean XXII en faveur de cette merveilleuse dédicace, il avait été enjoint, sous peine d'excommunication, aux habitants d'Avignon, d'en célébrer l'anniversaire à l'égal des dimanches et jours de fêtes. Ouvrez le *Thesaurus novus Anecdotorum* de Dom Martenne; dans les canons du synode tenu en l'église abbatiale de Saint-Ruf, hors les murs, à la saint Luc de l'an 1337, sous l'évêque Jean de Cojardan, vous lirez ce qui suit : *Que désormais la fête de la Consécration de l'église de Sainte-Marie se célèbre avec office double dans la ville et le diocèse d'Avignon, par le clergé et le peuple, les ouvrages mécaniques cessant entièrement comme aux dimanches et*

---

(1) Sous le médaillon dont il est ici question, on lit ce qui suit : « Pour N.-D. des Doms consacrée miraculeusement suffira une partie de la bulle de Sixte IV du 20 de février de l'an 1475 qui dit ainsi, etc. (suit le passage qui sera relaté plus loin)... Entre les Papes icy citez est Jean XXII fort célèbre, lequel dolent de ce que les anciens documents d'une chose si importante avoient esté brulez, pour y suppléer fit une bulle datée du 21 novembre de l'an premier de son Pontificat, dans laquelle *attestatur*, etc. »

(2) L'exemplaire de ce journal spirituel que j'ai entre lse mains fut imprimé, en 1781, chez Bléry, avec la permission des supérieurs.

jours de fête, à peine d'excommunication portée dès maintenant contre les contempteurs de ce canon (1).

Et dans le premier synode célébré par le cardinal Alain de Coëtivy, ce canon fut promulgué de nouveau. Dans le synode de 1448, présidé par le même évêque, il fut encore rappelé; seulement l'excommunication qu'il portait fut alors réduite en comminatoire (2).

Vingt-sept ans après, le onze des kalendes de décembre (21 novembre) 1475, Sixte IV donnait en faveur de l'église d'Avignon une bulle dont j'extrais le passage suivant :

Ayant donc appris que l'église d'Avignon, de l'ordre de Saint-Augustin (3), *qui est illustre entre les autres cathédrales de ces contrées, a été fondée par sainte Marthe, l'hôtesse de Jésus-Christ, en l'honneur de N. S. et de la glorieuse Vierge, et qu'elle a été* CONSACRÉE PAR LA MAIN DE DIEU MÊME, *comme on le dit communément, ainsi que le rapporte le récit des anciens et que l'attestent les lettres de plusieurs pontifes romains, etc.* (4).

Les Bollandistes le reproduisent dans celui de leurs volumes qui a pour titre : *Propylœum ad Acta Sanctorum maii* (5); mais ils le font suivre de réflexions qui ne vous surprendront point, quand vous saurez qu'elles sont du trop sévère Daniel Papebrok :

« Je ne pense pas, dit ce hardi critique, que quelqu'un puisse croire des faits pareils à ceux que Sixte IV affirme et que d'autres de ses prédécesseurs ont, dit-on, affirmés. L'on ne voudra pas juger toutes les traditions, attestées en semblable circonstance et de même manière par Sixte IV et les autres Pontifes romains, sur cette tradition Avignonaise, pleine d'ailleurs d'incertitudes, comme nous le prouverons en temps et lieu. Il résulte, en effet, de ces allégations pour le fait en question, qu'au temps de Sixte IV, alors que les lettres et l'étude de l'histoire sacrée étaient énormément négligées, de

---

(1) MARTENNE O. S. B. *Thesaurus novus Anecdotorum.* Paris, 1717, page 582. Le 16 avril 1613, Mgr. Etienne Dulci, 12ᵉ archevêque d'Avignon, tint un synode diocésain, dans lequel il fut décidé que le jour de la dédicace de N.-D. serait célébré et chômé dans Avignon seulement. (NOUGUIER, *Hist. chronol*, page 236.)

(2) *Ibidem.*

(3) Le chapitre de N.-D. des Doms était un chapitre régulier sous la règle de St Augustin. Il fut sécularisé par Sixte IV, le 27 mai 1480.

(4) *Cum itaque, sicut accepimus, Ecclesia Avenionensis Ordinis sancti Augustini quæ inter cœteras Cathedrales illarum partium claret, a beata Martha Jesu Christi hospita, ad laudem ejus et gloriosæ Virginis,* MANU DEI, *ut fama est, et antiquorum habet relatio, et aliquorum Romanorum Pontificum litterœ attestantur, consecrata extitit,* etc. (SUAREZ, Avenio Christiana. — NOUGUIER. Hist. Chronolog., p. 11. FANTONI. Istoria della città d'Avignone, tome 2, *loco citato.*—FAILLON, Monuments inédits, tome 1, *page* 601.

(5) BOLLANDUS. *Acta sanctorum. Propylœum ad Acta SS. Maii.* Edition d'Anvers, p. 405.

pareilles historiettes (*historiunculas*), que personne ne songeait à discuter, étaient plus crues qu'elles ne le seraient aujourd'hui des hommes instruits, et étaient écoutées plus patiemment et accueillies avec plus de faveur par les Pontifes romains qu'elles ne seraient écoutées et accueillies, si elles étaient soumises à un jugement contradictoire. »

Telles sont les raisons alléguées par le docte religieux pour combattre, non point la bulle de Sixte IV dont il ne conteste pas l'existence, mais notre tradition qu'il veut à toute force anéantir. Que vous en semble? Pour moi, je vois qu'en cette occasion, comme en bien d'autres, le P. Papebrok s'est laissé emporter par son amour exagéré de la critique, et qu'il traite bien légèrement, pour ne rien dire de plus, un document émané du vicaire de Jésus-Christ. J'ignore à quel temps et à quel lieu il avait fixé la reprise de sa discussion sur notre légende avignonaise : j'ai eu beau la chercher dans tous les volumes des *Acta sanctorum*, il m'a été impossible de la rencontrer.

La bulle de Sixte IV et celle de Jean XXII se trouvent encore rappelées dans une vieille inscription que le chapitre métropolitain fit graver au commencement du XVIe siècle, sous le *Narthex* de Notre-Dame, vis-à-vis la fresque de saint Georges, et qui donne en abrégé toute l'histoire de notre vénérable métropole :

Voyageur, apprends beaucoup de choses en peu de mots. Cette antique et dévote basilique, que la piété du peuple a appelée N.-D. des Dons, à cause des célestes faveurs qu'on y reçoit en abondance, fut fondée en l'honneur de la sainte Vierge qui n'était point encore montée au ciel, par sainte Marthe, l'hôtesse de J.-C., notre Seigneur et Dieu, et par saint Ruf, disciple du Sauveur et premier évêque d'Avignon (2). *Constantin-le-Grand, empereur, l'agrandit avec une magnificence vraiment royale. Charles-Martel la reprit sur l'impiété sarrasine qui l'avait ruinée; et, lorsque Charlemagne, empereur et roi, dans sa pieuse munificence, l'eut fait reconstruire, J.-C., ainsi l'enseigne la tradition constante et le déclarent les constitutions des Papes Jean XXII et Sixte IV,*

(1) La tradition des Eglises de Provence et celle des Eglises d'Espagne rapportent que saint Ruf, fils de Simon le Cyrénéen (*quem angariaverunt venientem de villa ut tolleret crucem Jesu*) et compagnon de l'apôtre saint Paul qui dans son épître aux Romains le salue *electum in Domino*, fut le premier évêque d'Avignon, vers l'an 70 environ de notre ère. Avant de fonder notre église, saint Ruf avait traversé l'Espagne, et il y avait fondé le siège épiscopal de Tortose; les mêmes traditions assurent qu'il avait établi auparavant celui de Thèbes. Il passe aussi pour avoir été le premier à introduire la vie commune parmi les prêtres et les clercs d'une même église; et l'ordre des chanoines réguliers qui portait son nom et qui s'était fondé au XIe siècle dans la banlieue de notre ville, se glorifiait de suivre ses constitutions et d'avoir pris naissance aux lieux mêmes où le saint prélat avait bâti le premier monastère chrétien.

J.-C. LA CONSACRA DE SA MAIN SACRÉE. *Le Saint-Siège apostolique, pendant plus de 70 ans, l'illustra par les témoignages continuels de sa piété, et quelques papes avec plusieurs cardinaux reposent dans son enceinte. Sixte IV sécularisa son chapitre. Le neveu de ce Pontife, aujourd'hui le pape Jules II, qui a été d'abord évêque, puis archevêque d'Avignon, lui donna des ornements précieux et augmenta considérablement ses revenus, et la piété des rois très-chrétiens lui a accordé de nombreux priviléges* (1). *Prie, et Adieu* (2).

Le temps ayant détruit cette inscription, on la fit graver de nouveau sur une grande pierre que l'on enchâssa dans le mur de la chapelle de Saint-Bruno (3). Cette pierre fut brisée à l'époque de la Révolution française : elle n'était autre qu'un reste de tombeau gothique, comme le prouvent ses débris que l'on peut voir au Musée-Calvet (salle du moyen-âge et de la renaissance) et qui portent tous des sculptures sur un de leurs côtés.

Mais Nouguier et Fantoni ne sont pas seuls à parler de la consécration miraculeuse de N.-D. des Doms.

En l'année 1600, la reine Marie de Médicis passait par notre ville : le prévôt Jean-François de Suarez lui faisait les honneurs de l'église métropolitaine et lui disait en présence de toute sa cour et des notables de la cité : « Madame…, prions le souverain Créateur, duquel l'éternelle main, comme nous croyons, a bien voulu miraculeusement consacrer cette église pour y exaucer les vœux des mortels (4). »

Vingt-deux ans après, le neveu de ce prélat, l'illustre Mgr Joseph-Marie de Suarez, évêque de Vaison, que son immense érudition fit appeler, en 1666, à la préfecture de la bibliothèque Vaticane, dans son *Echo de Ecclesia metropoli-*

---

(1) Entr'autres priviléges accordés à l'église de N.-D. des Doms, nous en trouvons un de l'empereur Charles IV qui mérite d'être signalé : d'après l'abbé de Massillian qui, à coup sûr, en avait eu la preuve authentique entre les mains, ce monarque, *en considération des miracles opérés par la sainte Vierge à Notre-Dame, exempta*, vers 1363, *de toute juridiction temporelle les personnes attachées au service de cette église.*

(2) Le texte latin de cette inscription serait trop long à reproduire ; on peut le consulter dans les recueils de MM. de Véras, de Massilian et Calvet, à la bibliothèque de notre ville, si on n'aime mieux le lire sur la pierre elle-même.

(3) La chapelle qui met la nef en communication avec l'escalier de la chaire, la chapelle du *Corpus Domini* et la maîtrise, avait été cédée aux Chartreux de Villeneuve qui y ensevelissaient ceux d'entre eux qui mouraient à leur hospice d'Avignon. Elle était dédiée à saint Bruno ; le tableau de ce saint qui en surmontait l'autel est dû au pinceau de Pierre Parrocel et se trouve dans la chapelle de saint Roch.

(4) VALLADIER, *Labyrinthe royal de l'hercule gaulois* Avignon, 1601

tana Avenionensi, consacrait le distique suivant à notre tradition :

Num rata, quæ nobis perhibet, veneranda vetustas,
Quod fuit a Christo adstante sacrata ? Rata. (1)

Le P. Théophile Raynaud, de la compagnie de Jésus, écrivait, en 1639, à propos de la consécration miraculeuse de l'église abbatiale de Saint-Denis, près Paris : « Il en est de même de l'église si vénérée de N.-D. des Doms, à Avignon, dont le Christ fut lui-même le consécrateur, comme l'attestent Jean XXII dans une bulle de la première année de son pontificat et Sixte IV dans une bulle donnée en 1475 (2). » Et, dans le 17ᵉ volume de ses œuvres complètes, revenant sur la même question, il concluait *que rien ne s'opposait à la consécration par J.-C. lui-même de l'église de N.-D. à Avignon* (3).

Le P. Poiré, aussi de la compagnie de Jésus, disait, en 1643, au premier volume de sa *Triple Couronne* : « L'église nommée N.-D. des Doms, fut, comme le porte la vénérable tradition, consacrée par Notre-Seigneur même (4). »

En 1661, un autre jésuite, le P. Pierre Labbé dédiait aux chanoines de l'église métropolitaine d'Avignon son opuscule intitulé : *Vita et elogia Virginis*. Dans son épitre dédicatoire, il leur disait : « La sainte Vierge, mère de Dieu vous a donné ce temple auguste : pour qu'il fût plus saint encore, J.-C. le consacra lui-même, et fut presque ainsi pour la seconde fois l'évêque de sa mère (5). »

Le 23 mars 1701, Louis-Gabriel de Jarente de Cabanes (6), prévôt de N.-D. des Doms, recevait solennellement les fils de France sous le porche de cette basilique ; la harangue qu'il leur adressa renferme ces mémorables paroles : *Cette église*

(1) J.-M. de SUAREZ, Vasion. (Ep. *Echo de Ecclesia Metropolitana Avenionensi*. Anvers. Plantin, 1622.
(2) Th. RAYNAUD, S. J. *Oper. Omn.* tom. vi. *Sacrum Acathistum*.
(3) *Ibidem.* tom. XVII. *Pratum spirituale. Centuria historiarum.*
(4) POIRÉ S. J. *La triple couronne de la bienheureuse Vierge Mère de Dieu.* Paris, 1639, page 183.
(5) *Donavit vobis Deipara Virgo augustissimum templum ; quod ut sacratius esset, consecravit illud ipse Christus et matris suæ pene iterum Episcopus fuit.* (LABBÉ S. J. *Vita et elogia Virginis.* Avignon 1661. *Superiorum permissu.*)
(6) Louis-Gabriel de Jarente de Cabanes, noble Avignonais, reçu chevalier de Malte en 1666, entra ensuite dans l'état ecclésiastique et devint prévôt de N.-D. des Doms. C'est lui qui, étant allé faire un voyage à Rome, en 1672, obtint du pape Clément X une bulle portant confirmation, en faveur du chapitre métropolitain, de la concession que lui avait faite autrefois le pape Jules II de l'habit de chœur cardinalice. Il mourut, en 1709, dans sa ville natale, après avoir refusé l'évêché de Vaison et celui de Cavaillon. Il fut enseveli à N.-D. des Doms où l'on peut voir encore, à moitié détruite, son inscription tumulaire sur le pilier qui précède celui de la chaire.

que l'ancienne tradition, appuyée du témoignage des Souverains Pontifes, nous assure miraculeusement consacrée par la main visible de J.-C. (1).

En 1708, Mgr F. M. de Gonteri, 21° archevêque d'Avignon, l'ami de l'immortel Belzunce (2) et l'imitateur de son héroïque dévouement durant la peste de 1721 et 1722, écrivait au Pape Clément XI, en lui rendant compte de l'état de son diocèse : « La tradition la plus constante, nous apprend que la foi chrétienne fut apportée pour la première fois dans la ville d'Avignon par Marthe, l'illustre hôtesse de J.-C. On assure que le premier évêque de cette église naissante fut Ruf le disciple de J.-C. et le fils de Simon le Cyrénéen, que saint Marc appelle père d'Alexandre et de Ruf : ses reliques sont vénérées dans l'église métropolitaine. Cette église, d'après la tradition, fut dès le principe dédiée à l'Assomption de la sainte Vierge Marie et consacrée par la main de Dieu même... C'est à cause de cette vénérable antiquité, à ce que l'on croit, que tant de Souverains Pontifes qui, durant plus de soixante-dix ans, siégèrent dans cette ville et y laissèrent d'innombrables et remarquables monuments de leur piété, ne touchèrent point à ce temple (3). »

(1) Cette harangue se trouve sur une feuille détachée, imprimée sans nom d'éditeur, dans les collections Requien et Moutte, à la bibliothèque d'Avignon.
(2) Il n'a manqué à Mgr de Gonteri que la priorité des évènements pour être aussi illustre que Mgr de Belsunce ; la peste se déclara à Avignon, un an après s'être déclarée à Marseille. Notre saint prélat, après avoir envoyé à Marseille, au plus fort de la contagion, des médecins, des infirmiers et des prêtres, se fit véritablement tout à tous, lorsque le mal eut éclaté dans nos murs ; par ses sages mesures et l'héroïsme de son dévouement, il ne cessa de combattre les progrès du fléau, de telle sorte qu'on peut dire que sans lui la peste aurait fait plus de victimes à Avignon (elle en fit 8,000 environ). A l'exemple de son noble ami, il voua au Sacré-Cœur de Jésus ses ouailles infortunées, et comme lui il mérita d'être loué en plein consistoire par le Souverain Pontife. Mais ce n'est point là son seul titre à la vénération de la postérité : il tint, en 1725, un concile provincial qui est justement célèbre, et on lui doit la rédaction du *Catéchisme diocésain* qui est un vrai chef-d'œuvre. Né, le 2 avril 1659, à Turin, d'une famille distinguée (son père était général au service du roi de France), il entra jeune encore dans la prélature romaine et fut sacré, le 27 septembre 1705, archevêque d'Avignon. Il resta 37 ans à la tête de son église et mourut, dans son palais épiscopal, le 12 mai 1742, au milieu des regrets unanimes de son troupeau. Il est enseveli à N.-D. des Doms, devant le maître-autel.
(3) *Christianam fidem in civitate Avenionensi primo disseminatam fuisse a Martha, hospitio Christi clara, traditio constantissima est, talisque nascentis Ecclesiæ primus episcopus asseritur Rufus, Christi discipulus, filius Simonis Cyrenæi quem Marcus affirmat patrem Alexandri et Ruf, cujus reliquiæ ibidem coluntur. Templum ab ejus principio dicatum fuisse Assumptioni B. M. V. et manu divina consecratum traditur a majoribus... Ob quam venerandam antiquitatem opinio est ut tot summi Pontifices, qui in ea civitate sederunt per septuaginta annos et ultra; quique innumera et insignia eorum pietatis monumenta reliquerunt, templum hujusmodi non attigerint.* (Archives départementales — Volume Gonterius.)

M. de Cambis-Velleron, au premier volume de ses *Annales d'Avignon*, parle de la consécration miraculeuse de Notre-Dame : « Charlemagne, dit-il, en ce temps-là (de 795 à 798), fit réparer l'église de Notre-Dame des Doms d'Avignon, en l'estat qu'elle est aujourd'huy ; une respectable tradition porte que J.-C., pour reconnoistre la piété de cet empereur, la consacra de ses propres mains (1). » M. de Cambis-Velleron écrivait ses *Annales* dans la première moitié du dernier siècle.

Quelques années après, l'abbé de Massilian, prévôt du chapitre de Saint-Didier, chevalier de saint Louis et ancien lieutenant de vaisseau au service de la France (2), mettait en ordre les savantes compilations qu'il avait faites sur l'histoire d'Avignon : il ne manquait pas de parler de la consécration miraculeuse de Notre-Dame des Doms.

Il en est de même du bon abbé de Véras (3), chanoine de Saint-Pierre (4) qui rédigeait, vers 1750, sur les *Epitaphes et Inscriptions de la ville d'Avignon*, un manuscrit très-curieux, qui se trouve avec ceux de MM. de Cambis-Velleron et de Massilian, dans les rayons de la bibliothèque de notre ville.

Je m'arrête, mon cher Monsieur, car nous voici arrivés au XIX° siècle. Ce n'est pas à dire pour cela que le souvenir du prodige qui nous occupe soit tombé dans l'oubli comme tant d'autres souvenirs précieux.

Mgr Maurel de Mons, notre 25° archevêque, pressé par les demandes nombreuses de pieux fidèles, et cédant aux instances réitérées de M™ de Verclos, ancienne religieuse, allait solliciter du Saint-Siége le rétablissement de la fête du 8 octobre, lorsque la mort vint le frapper.

(1) J. L. Dominique, marquis de Cambis-Velleron, né en 1706, à Avignon où il est mort en 1772, après avoir servi dans les armées françaises et celles du Comtat, se livra à son goût pour l'étude et devint un savant consommé ; sa bibliothèque était une des plus belles de province : il en a laissé un catalogue raisonné.

(2) H. J. Léon de Massillian, né en 1721 à Avignon et mort en Italie pendant l'émigration, a laissé la réputation d'un savant laborieux ; ses manuscrits, déposés à la bibliothèque de notre ville, sont au nombre de 61 volumes.

(3) L'abbé Raymond de Véras, sans être un savant comme le marquis de Cambis-Velleron et l'abbé de Massilian, a néanmoins rendu un grand service à l'histoire Avignonaise en nous conservant le texte d'inscriptions et d'épitaphes que la Révolution devait faire disparaître.

(4) Outre le chapitre métropolitain dont l'origine se perdait dans la nuit des âges, la ville d'Avignon avait sept églises paroissiales et collégiales à la fois, dont trois insignes. Les collégiales insignes avaient été fondées. Saint-Agricol, en 1321, par Jean XXII; Saint-Pierre, en 1358, par le cardinal de Prato ; et Saint-Didier, en 1358, par le cardinal de Deux. Les quatre autres collégiales dataient : Saint-Geniès de 1529, la Madeleine de 1665, N.-D. la Principale de 1584, et Saint-Symphorien de 1591.

En 1847, le R. P. Pouget, de la compagnie de Jésus, dans son *Histoire des principaux sanctuaires de la Mère de Dieu* (1), a mentionné la miraculeuse consécration de Notre-Dame.

En 1852, l'un de nos amis communs, dans son *Précis sur l'Histoire d'Avignon* (2), n'a point oublié ce fait si glorieux pour les Avignonais.

En 1859, à l'occasion de l'inauguration solennelle de la statue de Marie Immaculée sur la tour de N.-D. des Doms, les recteurs de la dévote compagnie des Pénitents noirs de la Miséricorde (3) écrivaient à leurs confrères : « Bâtie dès les premières années de l'ère chrétienne, le savant Pape Benoît XIV l'atteste, et notre tradition en fait foi, en l'honneur de la Très-Sainte Vierge, encore vivante sur la terre, par la bienheureuse hôtesse du Sauveur, Marthe de Béthanie, sœur de Madeleine et de Lazare, l'église de N.-D. des Doms a vu dans tous les temps vos pères assidus à venir sous ses voûtes rendre à la puissante Mère de Dieu l'hommage de leur dévouement et de leur reconnaissance. Elle eut part, plus que toute autre, aux pieuses libéralités et aux splendides munificences de Constantin et de Charlemagne; et vous savez que, pour récompenser ce dernier empereur du soin qu'il avait mis à décorer l'autel de la Reine des Anges, N.-S. J.-C. daigna lui-même, nous en avons pour garants les bulles de deux Souverains Pontifes et le témoignage irrécusable de dix siècles, descendre visiblement du ciel, entouré des légions angéliques et consacrer de ses mains saintes et vénérables ce temple, le premier élevé à la gloire de sa Mère (4). »

Et vous même aussi, mon cher Monsieur, il m'en souvient encore avec bonheur, vous avez rappelé cette précieuse tradition du haut de la chaire, lorsque vous faisiez, il y a quelques

---

(1) POUGET S. J. *Histoire des principaux sanctuaires de la Mère de Dieu.* — Lyon, 1847.

(2) *Précis sur l'histoire d'Avignon au point de vue religieux.* Avignon, 1852.

(3) La confrérie des pénitents noirs de la Miséricorde fut fondée, en 1586, par Pompée Catelina, colonel de la garnison italienne, sous le nom de *Saint-Jean-Décollé*, pour avoir soin des prisonniers, exhorter les condamnés à mort et ensevelir les suppliciés. En 1609, elle fut affiliée à l'Archiconfraternité de Saint-Jean-Décollé de la ville de Rome appelée la *Miséricorde de la nation Florentine*. Son dévouement lui valut du Pape Clément VIII le privilège de délivrer chaque année un condamné à mort. Rétablie dès les premières années de ce siècle, cette pieuse institution continue de faire le bien, et elle étend aujourd'hui son miséricordieux patronage sur les prisonniers libérés. Il y a encore à Avignon la confrérie des *Pénitents gris* qui date de 1226 et celle des *Blancs* qui fut fondée en 1527. Autrefois il y avait des Pénitents *Bleus* depuis 1556, des *Violets* depuis 1662, des *Rouges* depuis 1700 et une autre confrérie des *Noirs* qui avait été instituée en 1488.

(4) *Lettre des Recteurs de la dévote Compagnie des Pénitents noirs de la Miséricorde.* — Avignon, Bonnet fils, 1859.

années, dans l'église de l'Oratoire (1), le panégyrique de sainte Marthe, patronne de la congrégation des servantes.

Voilà donc, depuis la fin du VIII° siècle jusqu'à nos jours, une suite presque non interrompue de témoignages (2) en faveur de la consécration miraculeuse de notre basilique métropolitaine de N.-D. des Doms. Ecoutons maintenant la tradition orale :

Il n'est parmi nous famille de *vieille roche*, au sein de laquelle ne se soit perpétué le souvenir de ce prodige. Le peuple d'origine vraiment Avignonaise, aime à s'en rappeler les moindres circonstances : sa piété va même jusqu'à en préciser les plus petits détails. La Très-Sainte Vierge était, dit-on, présente à la cérémonie ; son divin fils l'accomplissait entouré de ses Apôtres, dont le Prince l'assistait comme diacre ; les Anges remplissaient les fonctions d'Acolytes; l'Eglise était embaumée des plus suaves parfums et retentissait des plus mélodieux accords. On raconte aussi que notre Seigneur, en faisant les onctions saintes sur les murailles, laissa dans la pierre l'empreinte de ses doigts sacrés, et que sur la banderolle qui, s'alternant avec une double guirlande de fleurs et de fruits, forme la corniche de la chapelle actuelle du *Corpus Domini*, les Séraphins écrivirent la relation de cette cérémonie auguste. On prétend même qu'en entrant dans l'église, les chanoines trouvèrent les ornements pontificaux dont s'était revêtu le Sauveur (3), et qu'ils virent l'autel tout ruisselant encore de l'huile sainte.

(1) L'église de l'Oratoire, l'un des plus remarquables spécimens de l'architecture du siècle dernier dans le Midi de la France, fut commencée en 1713 et achevée en 1741. Desservie jadis par les prêtres de la Congrégation de M. de Bérulle, elle est confiée aujourd'hui aux PP. Jésuites qui y dirigent une Congrégation de servantes.

(2) Je me trompe : cette tradition a eu parmi nous un contradicteur. Dans l'une des notes de son fameux *Panégyrique de saint Agricol* (Avignon. Tournel, 1755), le P. Eusèbe Didier, récollet de Montfavet, que quelques-uns croient avoir appartenu à la famille des savants jurisconsultes Avignonais Sadolet de Cadecombe, se plut à faire planer le doute sur la consécration miraculeuse de N.-D. des Doms. Cela n'étonne pas, lorsqu'on se rappelle que ce religieux, le représentant dans nos contrées de l'école des Launoy et des Tillemout, nie en même temps l'arrivée de sainte Marthe en Provence, malgré le respect recommandé en faveur de cette tradition par le Pape Benoit XIV auquel il dédie son livre. Sa 25° note est ainsi conçue : *Je parle de la Métropole, sur la consécration de laquelle on nous dit des choses ineffables, et que je ne veux ni nier aussi rondement que l'a fait Papebrok, ni assurer aussi fermement que le font Nouguier et Fantoni. Les traditions anciennes méritent des égards, et les faits extraordinaires peuvent souffrir des explications. Dieu ne consacre-t-il pas invisiblement ce que la main de ses ministres consacre visiblement ?* Et, en dépit de la bulle de Jean XXII qui atteste le prodige, il avance, sans en apporter la moindre preuve, ni indiquer la plus petite autorité, que N.-D des Doms reçut une nouvelle consécration des mains de ce Pontife.

(3) Ce qui pouvait accréditer cette croyance, c'est le soin respectueux qu'on prenait de la chape de Jean XXII, chape que le peuple, en dépit des réclamations de l'autorité ecclésiastique, appelait la *chape de J.-C.*

Pour un grand nombre, et ce sentiment paraît assez probable, cet autel, ainsi consacré par la main visible de N.-S. J.-C., ne serait autre que l'autel à cinq colonnes et à table creusée de la quatrième chapelle à droite. Il était entièrement couvert, par respect, sans doute, de l'autel du XII° siècle, que l'on voit aujourd'hui dans l'ancienne chapelle de Saint-Joseph (2).

Je dois maintenant, pour compléter ce qui précède, vous décrire le cérémonial que l'on observait chaque année à la métropole, le 8 octobre, jour anniversaire de cet éclatant miracle. Je n'ai pour cela qu'à ouvrir le docte Valladier.

« Le 8 du mois d'octobre, dit-il, jour auquel la tradition fixe ce miracle, on fête par une solennité publique la mémoire de cette divine dédicace avec le même rite qu'elle fut célébrée. De très-grand matin, plus tôt que de coutume, à un signal donné, toutes les cloches sont mises en branle. Avant que les ministres sacrés soient assemblés, on dispose tout autour de la nef de nombreux flambeaux (3), et sur le maître-autel, orné comme si le Saint-Sacrifice allait y être offert, on place pleines de vin et d'eau les burettes avec leur bassin, le calice avec l'hostie, la chasuble, la dalmatique, la tunique, le manipule, l'étole, l'aube et la chape pontificale (4)..., et en avant l'on dresse un autel portatif. Puis, les portes grillées du chœur sont fermées, et personne ne reste dans l'église. Ensuite, à l'heure convenue, les chanoines avec leur cortège accoutumé pénètrent dans le temple resplendissant de mille feux pour y chanter l'office avec la plus grande solennité. Lorsque la procession arrive aux portes du chœur, le second archidiacre se met à les encenser au milieu des chants, et dès que le sanctuaire est ouvert, il s'avance vers le maître-autel et l'encense aussi. Après, la messe se célèbre sur l'autel portatif; car, bien que le maître-autel soit préparé pour les sacrés mystères, personne ce jour-là ne se permet d'y

---

(2) La chapelle de Saint-Joseph à N.-D. des Doms est la seconde élevée dans le monde catholique en l'honneur du saint Patriarche. Son culte public, on le sait, prit naissance en 1371, dans l'église de Saint-Agricol où l'on voit encore la première chapelle bâtie sous son vocable (BOLLAND: *Acta SS.* 19 martii.) — C'est aussi à Avignon, dans l'église Saint-Didier, que commença la dévotion aux Saints Anges Gardiens en 1456 et qu'en fut célébrée pour la première fois la fête en 1506.

(3) On voit encore tout autour des tribunes de N.-D. des Doms, sur l'accoudoir de leurs balustres, une suite de trous creusés peu profondément dans la pierre et destinés à recevoir les cierges qui brûlaient, le 8 octobre de chaque année.

(4) C'était la chape de Jean XXII; elle était rehaussée de diamants et autres pierres précieuses. Après les secondes Vêpres de la fête de la Dédicace, on l'offrait aux baisers du peuple, et il se trouvait quelquefois des individus qui, au lieu d'appuyer leurs lèvres sur la chape, mordaient les pierreries et les arrachaient avec les dents.

offrir le Saint-Sacrifice, et jusqu'ici il n'y a eu ni Cardinal, ni Pape qui ait osé à pareil jour célébrer à l'autel où l'on croit que N.-S. J.-C. daigna célébrer lui-même (1). »

Quant à l'office qui se récitait ce jour-là, il n'était autre que celui du *Commun de la Dédicace*; c'est ce dont j'ai pu me convaincre à la bibliothèque de notre ville en examinant un missel et un bréviaire manuscrits dont se servait, à la fin du XIVe siècle, le chapitre de Notre-Dame. Au 8 octobre, la dédicace de notre église y est indiquée avec la messe et l'office que la liturgie romaine place au commun de la Dédicace. D'ailleurs, à ce même jour, nos plus anciens *Ordo* diocésains portent tous cette rubrique : *Omnia de communi*.

Lorsque dans la *Revue des bibliothèques paroissiales* (2), je me décidai, au mois d'octobre 1857, à publier ce *Mémoire*; je m'attendais bien à recevoir quelques attaques à son occasion, mais j'étais loin de penser qu'elles me viendraient du côté d'où elles sont parties. Je crois vous l'avoir écrit à cette époque sous le pli d'un de nos amis. La contradiction souffla sur mon œuvre inoffensive avec une violence dont rien n'approche, et l'on me répéta sur tous les tons la phrase du P. Eusèbe Didier que je vous citais tout à l'heure dans une note : *Dieu ne consacre-t-il pas invisiblement ce que la main de ses ministres consacre visiblement?* Ma réponse fut celle que Valladier faisait aux objections que soulevait hors d'Avignon sa thèse sur cet évènement merveilleux : « Pouvons-nous penser que, durant tant de siècles, les hommes éminents qui ont été attachés à cette église aient perdu la raison en transmettant jusques à nous, de la main à la main, pour ainsi dire, ces rites et cette tradition? Pouvons-nous croire qu'en tolérant une pareille cérémonie, dans la première église d'une des plus célèbres villes du monde, tant d'illustres prélats Avignonais aient déliré, tant de fameux citoyens aient été frappés de cécité, tant de rois et de princes aient rêvé? Et ces sept Papes si sages, qui siégèrent à Avignon, et ces cardinaux si nombreux qui fleurirent dans cette cité, n'auraient été que des insensés, si, en désapprouvant un semblable anniversaire, ils l'eussent laissé célébrer sous leurs yeux et en leur présence, ou s'ils l'eussent approuvé en lui refusant le caractère de l'authenticité et de la sainteté (3). »

Mes contradicteurs auraient dû corroborer leurs dires de preuves et d'autorités; ils auraient dû surtout se souvenir de ce conseil du saint évêque de Genève : *Quand il importe de*

---

(1) VALLADIER. *Orationes latinæ circa antiquitates Avenionenses*. MS. de la bibliothèque d'Avignon.

(2) Publié d'abord par la *Revue des bibliothèques paroissiales* et reproduit ensuite successivement par le *Mémorial de Vaucluse*, par le *Rosier de Marie* et par le *Bon Sens d'Annecy*, ce Mémoire arrive aujourd'hui à sa cinquième édition.

(3) VALLADIER. *Orationes latinæ*, etc.

contredire quelqu'un et d'opposer son opinion à celle d'autrui, il faut user de grande douceur et dextérité sans vouloir violenter l'esprit de personne.

Au milieu de l'orage et de la tempête qui grondaient ainsi autour de mon œuvre, j'éprouvai cependant une indicible consolation : pas un Avignonais ne sortit de la foule pour me fermer la bouche, pas même lorsque le *Mémorial de Vaucluse*, reproduisant mon travail, l'eut fait tomber sous des yeux qui n'auraient lu jamais, à coup sûr, la *Revue des bibliothèques paroissiales*. Et en donnant aujourd'hui une cinquième édition de ce *Mémoire*, je ne fais que céder aux sollicitations et aux instances de bon nombre de mes concitoyens. Ils savent que je tiens comme eux, par l'intime de mon être à cette auguste basilique de Notre-Dame des Doms, et ils m'ont prié d'ajouter un nouveau fleuron à sa couronne en publiant de nouveau une des plus grandes choses que le Tout-Puissant ait daigné faire en sa faveur.

Ah ! que de souvenirs, vous le savez tout comme moi, ce sanctuaire béni de la Mère de Dieu ne nous rappelle-t-il pas ? Au XII° siècle, saint Bénézet (1) y annonça sa divine mission, saint Anthelme y fut sacré évêque de Belley par le Pape Alexandre III. Au XIV°, les Souverains Pontifes, pendant plus de 70 ans, y présidèrent aux destinées du monde catholique ; saint Bertrand de Comminges, saint Louis de Toulouse, saint Pierre Célestin, saint Yves de Tréguier et saint Thomas d'Hertfordt y furent canonisés ; Benoît XII, Innocent VI, Urbain V et Grégoire XI y furent couronnés ; Robert-le-Boiteux y reçut le sceptre des Deux-Siciles et Hélion de Villeneuve la maîtrise des chevaliers de Saint-Jean-de-Jérusalem ; la procession du Très-Saint Sacrement, la fête de l'Adorable Trinité, celle de la Visitation y furent instituées ; trois fois, la guerre sainte y fut publiée contre les Maures d'Afrique et les Sarrasins d'Espagne, ennemis déclarés du nom Chrétien ; Philippe-le-Bel et Pierre d'Aragon s'agenouillèrent sur ses dalles pour être relevés des censures ecclésiastiques qu'ils avaient encourues en violant les Sacrés Canons, et ses cloches furent les premières à sonner la sublime prière de l'*Angelus*.

Il serait trop long d'évoquer devant vous tout ce que rappelle cette métropole, l'objet des plus chères complaisances de la population Avignonaise. Théophile Raynaud, dont je vous ai allégué plus haut le témoignage et qui, *ayant enfanté une vingtaine d'in-folio où il parle de nous bien souvent*, n'a

---

(1) Qui ne connaît la merveilleuse histoire de saint Bénézet, ce jeune berger du Vivarais qui, sur la fin du XII° siècle, reçut du ciel l'ordre d'aller jeter un pont sur le Rhône à Avignon et qui, miraculeusement transporté sur nos rives, entra résolument dans l'église de N.-D. où il interrompit la prédication de l'évêque pour annoncer au peuple sa divine mission !

peut-être pas, au dire d'un auteur, *couché par écrit la moitié de ce qu'il sçavoit*, Théophile Raynaud attestait, au commencement du XVII° siècle, la vénération des Avignonais pour cette église. « Quant au sanctuaire de Notre-Dame, lit-on dans son *Pratum Spirituale*, l'expérience de chaque jour prouve que c'est un lieu véritablement sacré, dans lequel on ne peut pénétrer que saisi d'une sainte terreur et plein d'une impression extraordinaire de piété. Assurément cela ne doit point être attribué à la magnifique architecture de l'édifice (architecture qui est autrement élégante et régulière dans la plupart des autres églises de la ville). Il faut en faire honneur au bon vouloir de la Mère de Dieu qui chérit ce saint lieu de préférence à tout autre et qui se plaît à y recevoir les vœux et les hommages des fidèles. Tous les bons citoyens d'Avignon qui sont libres de leurs actions ne passeraient pas un seul jour sans visiter ce sanctuaire, tant au milieu des ardeurs tropicales de l'été que durant les rigueurs de l'hiver, et surtout pendant les violences du mistral qui s'y fait particulièrement sentir à cause de l'élévation du site (1). » Le P. Poiré ajoutait dans sa *Triple Couronne*: « A toute heure l'on y voit aborder des personnes, et il s'en trouve une grande quantité qui pour rien du monde ne manqueraient de la visiter tous les jours (2). »

Aussi quelle ne fut pas la joie des Avignonais quand, en 1819, leurs magistrats songèrent enfin à faire débarrasser cette antique basilique des ruines et des décombres que le vandalisme des septembriseurs avait entassés sous ses voûtes! Ecoutez l'avocat Fransoy : « Je me suis réjoui avec ceux qui m'ont dit que nous irions dans la maison du Seigneur. Telles étaient les paroles du Prophète-Roi, lorsque sa vive imagination lui représentait la construction du magnifique temple de Salomon..... Telles sont aussi les paroles que les bons Avignonais ont répétées, et la joie qu'ils ont éprouvée dans leur cœur, lorsque leurs magistrats leur ont annoncé la restauration de la ci-devant métropole.... L'édifice de la métropole va être restauré comme monument de l'art ; une fois réparé, il pourra derechef être livré à l'exercice du culte catholique, du moins nous en conservons l'espoir. Il est juste que cet antique monument de la piété de nos pères le devienne encore de la piété de leurs enfants, et que N.-D. des Doms les comble derechef de ses dons et de ses grâces. Nous nous écrierons alors que nous nous sommes réjouis comme le Prophète-Roi en apprenant que nous irions dans la maison du Seigneur, et

---

(1) TH. RAYNAUD S.J. *Opera omnia*. tom. 17. *Pratum Spirituale. Centuria historiarum*.

(2) POIRÉ. S.J. *La triple couronne de la B. Vierge Mère de Dieu*, page 183. — Paris, 1639.

nous répéterons ses paroles : *Lætatus sum in his quæ dicta sunt mihi : in domum Domini ibimus* (1). »

Plus tard, en 1835, Mgr du Pont, comblant les vœux de la population Avignonaise et se conformant à la lettre même du Concordat de 1801 ressuscitant le siége d'Avignon sous le titre de *N.-D. des Doms*, faisait célébrer de nouveau chaque jour, comme autrefois, l'office capitulaire dans cette auguste Métropole ; ce que dans ses préventions contre notre glorieux passé, Mgr Périer n'avait jamais voulu permettre. Sûr du dévouement de ses ouailles qui demandaient à grands cris cette restauration morale, plus importante à leurs yeux que la restauration physique de 1820, le vénérable Prélat s'adressait en ces termes à la générosité de son troupeau :

« Il s'agit de restaurer le temple de Marie, de réparer son sanctuaire, d'embellir ses autels. Sans doute le gouvernement favorisera l'exécution de ce noble projet, il viendra à notre aide. Mais quelque abondants que soient les secours accordés, suffiront-ils jamais ? Il y a tant à faire ; mais votre zèle, votre charité sont là, et les ressources ne peuvent nous manquer.... Vous vous empresserez d'effacer l'ignominieuse empreinte des ravages du temps, d'en faire disparaître jusqu'aux moindres traces ; vous voudrez que l'église de Notre-Dame recouvre l'éclat des anciens jours.... Cette basilique célèbre va sortir de ces abaissements et reprendre le vêtement de sa gloire. Ses années de deuil sont passées ; le chemin qui conduit à ses solennités n'offrira plus le spectacle d'une triste solitude. Sa longue viduité cesse ; à l'abandon, au délaissement succède une affluence nombreuse. Oui, désormais elle verra se presser dans son enceinte, auparavant déserte, la multitude de ses enfants.... Ses voûtes ne seront plus muettes, silencieuses : elles rediront encore avec transport les hymnes du Seigneur.... Nos vénérables Frères les chanoines chaque dimanche viennent y célébrer les divines miséricordes ; mais bientôt chaque jour de la semaine les réunira sur la montagne de Sion (2). »

C'est assez vous avoir entretenu, Monsieur et cher ami, de notre bénie et à jamais vénérée métropole, à laquelle N. S. P. le Pape Pie IX, aujourd'hui régnant, ne craint pas d'assigner le premier rang entre les églises illustrées par la présence de quelqu'un de ses glorieux prédécesseurs (3). Ma dette envers

---

(1) Ch.-Ag. Fransoy. *Fragment historique sur l'église métropolitaine d'Avignon.* Berenguier, 1819.

(2) Mgr Du Pont, archevêque d'Avignon. *Lettre pastorale du 25 décembre 1835,* qui ordonne une quête pour l'érection d'une statue de la Sainte Vierge et pour la restauration de l'église métropolitaine.

(3) *Cum alias pro re et loco Ecclesias, licet a nobis longe dissitas, attamen aliquo nomine insignes, honoribus privilegiisque exornaverimus, tum ita libentissime facimus cum Ecclesiis illis quæ alia vel alia de*

vous est acquittée. Je voudrais seulement que les documents qui précèdent pussent contribuer au rétablissement d'une solennité que vous avez à cœur aussi bien que moi, je le sais.

Agréez, Monsieur l'abbé, l'assurance de l'entier dévouement et de la sincère reconnaissance

De votre affectionné serviteur,

Augustin CANRON,
Avocat, membre de la Société française pour la conservation des monuments historiques et du comité archéologique de Vaucluse, etc.

St-Marcel des Pragodes (B.-du-Rh.), le 8 mai 1861.

causa decessorum nostrorum Pontificum Romanorum præsentia fuerint honestata. Atqui compertum omnibus est primas agere inter istas Metropolitanam Ecclesiam Avenionensem quæ, uti sua dignitate illustris, ita diuturna quam ibidem fecerunt nonnulli ex prædecessoribus nostris mora illustrior facta est. (Pii PP. IX. Brev. erectionis Eccl. Metrop. ni basilicam minor. *Die 22 déc. 1854.*)

www.ingramcontent.com/pod-product-compliance
Lightning Source LLC
Chambersburg PA
CBHW060721050426
42451CB00010B/1565